La Guerra en Ucrania:

Breve historia de la Invasión Rusa, la Caída de Mariupol, los Ataques de Bajmut, el Frente de Donetsk, la Resistencia Ucraniana y más...

Descargo de responsabilidad

1

Introducción

El 24 de febrero de 2022, Rusia invadió y ocupó partes de Ucrania en una escalada importante de la guerra ruso-ucraniana, que comenzó en 2014. La invasión ha causado decenas de miles de muertos en ambos bandos y ha instigado la mayor crisis de refugiados de Europa desde la Segunda Guerra Mundial. Alrededor de 8 millones de ucranianos estaban desplazados dentro de su país en junio, y más de 8,1 millones habían huido del país en marzo de 2023.

La invasión comenzó la mañana del 24 de febrero de 2022, tras el anuncio del presidente ruso Vladimir Putin de una "operación militar especial" que buscaba la "desmilitarización" y la "desnazificación" de Ucrania. En su discurso, Putin defendió opiniones irredentistas, cuestionó el derecho de Ucrania a ser un Estado y afirmó falsamente que Ucrania estaba gobernada por neonazis que perseguían a la minoría étnica rusa. Minutos después, se lanzaron ataques aéreos rusos y una invasión terrestre a lo largo de un frente norte desde Bielorrusia hacia Kiev, un frente noreste hacia Kharkiv, un frente sur desde Crimea y un frente sureste desde Donetsk y Luhansk. En respuesta, el presidente ucraniano Volodymyr Zelenskyy promulgó la ley marcial y una movilización general.

Las tropas rusas se retiraron del frente norte en abril. En los frentes sur y sureste, Rusia capturó Kherson en marzo y Mariupol en mayo tras un asedio. El 18 de abril, Rusia lanzó una nueva batalla en Donbás. Las fuerzas rusas siguieron bombardeando objetivos militares y civiles lejos de la línea del frente, incluidos sistemas eléctricos y de suministro de agua. A finales de 2022, Ucrania lanzó contraofensivas en el sur y en el este. Poco después, Rusia anunció la anexión ilegal de cuatro oblasts parcialmente ocupados. En noviembre, Ucrania recuperó Kherson.

La invasión ha sido objeto de una amplia condena internacional. La Asamblea General de las Naciones Unidas aprobó la Resolución ES-11/1, que condena la invasión y exige la retirada total de las fuerzas rusas. El Tribunal Internacional de Justicia ordenó a Rusia suspender las operaciones militares y el Consejo de Europa expulsó a Rusia. Muchos países impusieron sanciones a Rusia y a su aliado Bielorrusia, y proporcionaron ayuda humanitaria y militar a Ucrania. Se produjeron protestas en todo el mundo; las de Rusia fueron respondidas con detenciones masivas y una mayor censura de los medios de comunicación. Más de 1.000 empresas abandonaron Rusia y Bielorrusia en respuesta a la invasión. La Corte Penal Internacional abrió una investigación sobre posibles crímenes en Ucrania desde 2013, incluidos posibles crímenes contra la humanidad, crímenes de guerra, secuestro de niños y genocidio durante la invasión, emitiendo finalmente una orden de detención contra Putin en marzo de 2023.

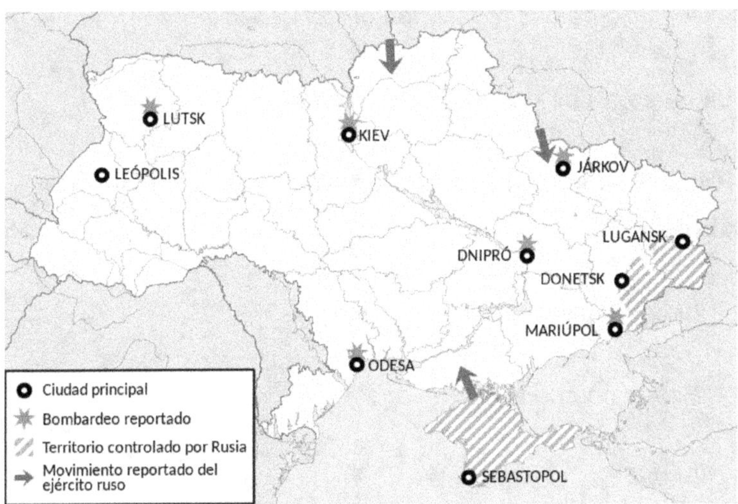

Índice

La historia de la guerra

Tras la disolución de la Unión Soviética (URSS) en 1991, las nuevas repúblicas independientes de Ucrania y Rusia mantuvieron sus lazos. Ucrania acordó en 1994 firmar el Tratado de No Proliferación Nuclear y desmantelar las armas nucleares que la URSS había dejado en Ucrania. A cambio, Rusia, el Reino Unido y Estados Unidos acordaron en el Memorándum de Budapest defender la integridad territorial de Ucrania. En 1999, Rusia firmó la Carta sobre la Seguridad Europea, que "reafirma el derecho inherente de todos y cada uno de los Estados participantes a ser libres de elegir o modificar sus acuerdos de seguridad, incluidos los tratados de alianza". Tras el colapso de la Unión Soviética, varios países del antiguo bloque del Este se unieron a la OTAN, en parte debido a amenazas a la seguridad regional como la crisis constitucional rusa de 1993, la Guerra de Abjasia (1992-1993) y la Primera Guerra de Chechenia (1994-1996). Los líderes rusos afirmaron que las potencias occidentales se habían comprometido a que la OTAN no se expandiera hacia el este, aunque esto es discutible. En la cumbre de Bucarest de 2008, Ucrania y Georgia solicitaron su ingreso en la OTAN. La respuesta de los miembros actuales fue dividida, ya que a los países de Europa Occidental les preocupaba enemistarse con Rusia. Al final, la OTAN se negó a ofrecer a Ucrania y Georgia la adhesión, pero también emitió una declaración en la que acordaba que "estos países se convertirán en miembros de la OTAN". Vladimir Putin expresó su firme oposición a las candidaturas de ingreso en la OTAN, y el ministro de Asuntos Exteriores ruso, Sergei Lavrov, afirmó que Rusia haría todo lo posible para impedir su admisión.

En noviembre de 2013, el presidente ucraniano, Víktor Yanukóvich, se negó a firmar un acuerdo de asociación con la Unión Europea (UE), desautorizando a la Rada Suprema y optando en su lugar por estrechar lazos con la Unión Económica Euroasiática, liderada por Rusia. Rusia había presionado a Ucrania para que rechazara el acuerdo. Esto desencadenó una oleada de protestas a favor de la UE conocida como Euromaidán, que culminó con la destitución de Yanukóvich en febrero de 2014 y los posteriores disturbios prorrusos en el este y el sur de Ucrania. Soldados rusos sin insignias tomaron el control de posiciones estratégicas e infraestructuras en el territorio ucraniano de Crimea, y se apoderaron del Parlamento de Crimea. En marzo, Rusia organizó un polémico referéndum y se anexionó Crimea. A continuación estalló la guerra en Donbás, que comenzó en abril de 2014 con la formación de dos cuasi Estados separatistas respaldados por Rusia: la República Popular de Donetsk y la República Popular de Luhansk. En el conflicto participaron tropas rusas. Los acuerdos de Minsk firmados en septiembre de 2014 y febrero de 2015 fueron un intento de detener los combates, pero los alto el fuego fracasaron repetidamente. Surgió una disputa sobre el papel de Rusia: Francia, Alemania y Ucrania, miembros del Formato Normandía, consideraban que Minsk era un acuerdo entre Rusia y Ucrania, mientras que Rusia insistía en que Ucrania debía negociar directamente con las dos repúblicas separatistas.

En 2021, Putin rechazó las ofertas de Zelenskyy para mantener conversaciones de alto nivel, y el Gobierno ruso respaldó un artículo del expresidente Dmitri Medvédev en el que se argumentaba que no tenía sentido tratar con Ucrania mientras siguiera siendo un "vasallo" de Estados Unidos. La anexión de Crimea provocó una nueva oleada de nacionalismo ruso, con gran parte del movimiento neoimperialista ruso aspirando a anexionarse más territorio ucraniano, incluida la no reconocida Novorossiya. El analista Vladimir Socor argumentó que el discurso de

Putin de 2014 tras la anexión de Crimea fue un "manifiesto del irredentismo de la Gran Rusia" *de facto*. En julio de 2021, Putin publicó un ensayo titulado "Sobre la unidad histórica de rusos y ucranianos", en el que reafirmaba que rusos y ucranianos eran "un solo pueblo". El historiador estadounidense Timothy Snyder calificó las ideas de Putin de imperialismo. El periodista británico Edward Lucas las calificó de revisionismo histórico. Otros observadores han señalado que los dirigentes rusos tienen una visión distorsionada de la Ucrania moderna, así como de su historia.

Preludio de la invasión ucraniana

En marzo y abril de 2021, Rusia inició una importante concentración militar cerca de la frontera ruso-ucraniana. Entre octubre de 2021 y febrero de 2022 se produjo un segundo refuerzo, tanto en Rusia como en Bielorrusia. Miembros del gobierno ruso negaron en repetidas ocasiones que tuvieran planes de invadir o atacar Ucrania, como el portavoz del gobierno, Dmitry Peskov, el 28 de noviembre de 2021, el viceministro de Asuntos Exteriores, Sergei Ryabkov, el 19 de enero de 2022, el embajador ruso en Estados Unidos, Anatoly Antonov, el 20 de febrero de 2022, y el embajador ruso en la República Checa, Alexander Zmeevsky, el 23 de febrero de 2022.

El principal asesor de seguridad nacional de Putin, Nikolai Patrushev, creía que Occidente llevaba años en una guerra no declarada con Rusia. La estrategia de seguridad nacional actualizada de Rusia, publicada en mayo de 2021, decía que Rusia puede utilizar "métodos contundentes" para "frustrar o evitar acciones inamistosas que amenacen la soberanía y la integridad territorial de la Federación Rusa". Las fuentes afirman que la decisión de invadir Ucrania fue tomada por Putin y un pequeño grupo de halcones de la guerra en el círculo íntimo de Putin, incluidos Patrushev y el ministro de Defensa Sergei Shoigu.

Durante la segunda ampliación, Rusia exigió que Estados Unidos y la OTAN firmaran un acuerdo jurídicamente vinculante que impidiera a Ucrania ingresar en la OTAN y retiraran las fuerzas multinacionales de los Estados miembros de la OTAN de Europa Oriental. Rusia amenazó con una respuesta militar no especificada si la OTAN seguía una "línea agresiva". Estas exigencias se consideraron en general inviables; los nuevos miembros de la OTAN en Europa Central se habían unido a la alianza porque preferían la seguridad y las oportunidades económicas que ofrecían la OTAN y la UE, y sus gobiernos buscaban protección frente al irredentismo ruso. Un tratado formal que impidiera el ingreso de Ucrania en la OTAN contravendría la política de "puertas abiertas" del tratado, a pesar de la respuesta poco entusiasta de la OTAN a las peticiones ucranianas de adhesión. Emmanuel Macron y Olaf Scholz hicieron esfuerzos respectivos para evitar la guerra en febrero. Macron se reunió con Putin, pero no logró convencerle de que no siguiera adelante con el ataque. Scholz advirtió a Putin de

13

las fuertes sanciones que se le impondrían si invadía
Ucrania. Scholz, al tratar de negociar un acuerdo, también
le dijo a Zelenskyy que renunciara a sus aspiraciones de
entrar en la OTAN y se declarara neutral; sin embargo,
Zelenskyy dijo que no se podía confiar en que Putin
mantuviera ese acuerdo.

Anuncio de una "operación militar especial"

El 24 de febrero, antes de las 5 de la mañana, hora de
Kiev, Putin anunció una "operación militar especial" en el
país y "declaró efectivamente la guerra a Ucrania". En su
discurso, Putin dijo que no tenía planes de ocupar territorio
ucraniano y que apoyaba el derecho del pueblo ucraniano
a la autodeterminación. Afirmó que el objetivo de la
operación era "proteger a la población" de la región de
Donbás, de habla predominantemente rusa, de la que dijo
falsamente que "desde hace ocho años se enfrenta a la
humillación y el genocidio perpetrados por el régimen de
Kiev". Putin afirmó que Rusia buscaba la "desmilitarización
y desnazificación" de Ucrania. Pocos minutos después del
anuncio de Putin, se registraron explosiones en Kiev,
Járkov, Odesa y la región de Donbás. Más tarde se filtró
un supuesto informe del Servicio Federal de Seguridad de

14

Rusia (FSB) en el que se afirmaba que la agencia de inteligencia no había tenido conocimiento del plan de Putin de invadir Ucrania. Las tropas rusas entraron en Ucrania desde el norte, en Bielorrusia (hacia Kiev); desde el noreste, en Rusia (hacia Járkov); desde el este, en la República Popular de Donetsk y la República Popular de Luhansk; y desde el sur, en Crimea. Los equipos y vehículos rusos estaban marcados con un símbolo militar Z blanco (una letra no cirílica), lo que se cree que es una medida para evitar el fuego amigo.

Inmediatamente después del ataque, Zelenskyy declaró la ley marcial en Ucrania. Esa misma noche, ordenó la movilización general de todos los varones ucranianos de entre 18 y 60 años, prohibiéndoles abandonar el país.

Belarus (CSTO)
Brest
Homiel
Mazyr
Russia (CSTO)
Kursk
Voronezh
Poland (NATO)
Belgorod
Kyiv
Kharkiv
Lviv
Poltava
Dnipro
Slovakia (NATO)
U k r a i n e
Kremenchuk
Luhansk
Hungary (NATO)
Dnipro
Donetsk
Rostov-on-Don
Zaporizhzhia
Transnistria
Moldova
Mariupol
Romania (NATO)
Melitopol
Kherson
Odesa
Azov sea
Crimea peninsula
Black sea
Possible routes of alleged
Russian invasion of Ukraine
(January 2022)
possible strike directions
shown in publications of
both Bild and CSIS (plan 2a)
possible strike directions
shown in publications of
Bild only
possible strike directions
shown in publications of
CSIS (plan 2a) only

La invasión de Ucrania

La invasión comenzó al amanecer del 24 de febrero, con divisiones de infantería y apoyo blindado y aéreo en el este de Ucrania, y decenas de ataques con misiles tanto en el este como en el oeste del país. Los primeros combates tuvieron lugar en el óblast de Luhansk, cerca del pueblo de Milove, en la frontera con Rusia, a las 3:40 de la madrugada, hora de Kiev. Los principales ataques de infantería y tanques se lanzaron en cuatro incursiones en punta de lanza, creando un frente septentrional lanzado hacia Kiev, un frente meridional originado en Crimea, un frente sudoriental lanzado contra las ciudades de Luhansk y Donbás, y un frente oriental.

Decenas de ataques con misiles en toda Ucrania llegaron hasta el oeste de Lviv. Al parecer, mercenarios del Wagner Group y fuerzas chechenas intentaron en varias ocasiones asesinar a Volodymyr Zelenskyy. El gobierno ucraniano afirmó que estos intentos fueron frustrados por funcionarios antibelicistas del FSB ruso, que compartieron información sobre los planes. La invasión rusa se encontró inesperadamente con una feroz resistencia ucraniana. En Kiev, Rusia no consiguió tomar la ciudad, ya que sus ataques fueron rechazados en los suburbios durante las batallas de Irpin, Hostomel y Bucha. El ejército ruso trató de rodear la capital, pero las fuerzas ucranianas consiguieron resistir. Ucrania utilizó armas occidentales con gran eficacia, como el misil antitanque Javelin y el misil antiaéreo Stinger, que redujeron las líneas de suministro rusas y paralizaron la ofensiva. La defensa de la capital ucraniana estaba bajo el mando del general Oleksandr Syrskyi.

El 9 de marzo, una columna de tanques y vehículos blindados rusos cayó en una emboscada en Brovary, sufrió grandes pérdidas y se vio obligada a retirarse. El ejército ruso adoptó tácticas de asedio en el frente occidental alrededor de las ciudades clave de Chernihiv, Sumy y Kharkiv, pero no logró capturarlas debido a la dura resistencia y a los contratiempos logísticos. En el frente sur, las fuerzas rusas capturaron la importante ciudad de Kherson el 2 de marzo. En el óblast de Mykolaiv, avanzaron hasta Voznesensk, pero fueron repelidas al sur de Mykolaiv. El 25 de marzo, el Ministerio de Defensa ruso declaró que la primera fase de la "operación militar" en Ucrania se había "completado en términos generales", que las fuerzas militares ucranianas habían sufrido graves pérdidas y que los militares rusos se concentrarían ahora en la "liberación de Donbás". La "primera fase" de la invasión se llevó a cabo en cuatro frentes, incluido uno hacia el oeste de Kiev desde Bielorrusia por el Distrito Militar Oriental ruso, compuesto por los Ejércitos de Armas Combinadas 29º, 35º y 36º. Un segundo eje, desplegado hacia el este de Kiev desde Rusia por el Distrito Militar Central (frente noreste), estaba formado por el 41º Ejército de Armas Combinadas y el 2º Ejército de Armas Combinadas de la Guardia.

Un tercer eje fue desplegado hacia Kharkiv por el Distrito Militar Occidental (frente oriental), con el 1er Ejército de Tanques de la Guardia y el 20º Ejército de Armas Combinadas. El Distrito Militar Meridional abrió un cuarto frente meridional con origen en la Crimea ocupada y la provincia rusa de Rostov, con un eje oriental hacia Odesa y una zona de operaciones occidental hacia Mariupol, que incluía los Ejércitos de Armas Combinadas 58º, 49º y 8º, este último también al mando de los Cuerpos de Ejército 1º y 2º de las fuerzas separatistas rusas en Donbás. El 7 de abril, las tropas rusas desplegadas en el frente septentrional por el Distrito Militar Oriental ruso se retiraron de la ofensiva de Kiev, al parecer para reabastecerse y volver a desplegarse en la región de Donbás para reforzar la nueva invasión del sudeste de Ucrania. El frente nororiental, incluido el Distrito Militar Central, también se retiró para reabastecerse y volver a desplegarse en el sureste de Ucrania. El 8 de abril, el General Alexander Dvornikov quedó al mando de las operaciones militares durante la invasión. El 18 de abril, el teniente general retirado Douglas Lute, antiguo embajador de Estados Unidos ante la OTAN, informó en una entrevista *para PBS NewsHour* de que Rusia había reposicionado sus tropas para iniciar un nuevo asalto al este de Ucrania que se limitaría al despliegue original ruso de entre 150.000 y 190.000 soldados para la invasión, aunque las tropas estaban siendo bien abastecidas con arsenales de armas adecuados en Rusia. Para Lute, esto contrastaba fuertemente con el enorme tamaño del reclutamiento ucraniano de ciudadanos ucranianos de entre 16 y 60 años, todos varones, pero sin armamento adecuado en los limitadísimos arsenales de armas de Ucrania. El 26 de abril, delegados de Estados Unidos y 40 naciones aliadas se reunieron en la base aérea de Ramstein (Alemania) para debatir la formación de una coalición que proporcionara apoyo económico y suministros y reequipamiento militares a Ucrania. Tras el discurso del

Día de la Victoria pronunciado por Putin a principios de mayo, la Directora de Inteligencia Nacional de Estados Unidos, Avril Haines, declaró que no cabía esperar una resolución a corto plazo de la invasión.

Las fuerzas rusas mejoraron su concentración en la protección de las líneas de suministro avanzando lenta y metódicamente. También se beneficiaron de la centralización del mando bajo el mando del General Dvornikov. La dependencia de Ucrania del material suministrado por Occidente limitó la eficacia operativa, ya que los países proveedores temían que Ucrania utilizara material fabricado en Occidente para atacar objetivos en Rusia. Los expertos militares discrepaban sobre el futuro del conflicto; algunos sugerían que Ucrania debía intercambiar territorio por paz, mientras que otros creían que Ucrania podría mantener su resistencia gracias a las pérdidas rusas. El 26 de mayo de 2022, el Equipo de Inteligencia de Conflictos, citando informes de soldados rusos, informó de que el coronel general Gennady Zhidko había sido puesto al mando de las fuerzas rusas durante la invasión, en sustitución del general de ejército Dvornikov.

21

Para el 30 de mayo, las disparidades entre la artillería rusa y la ucraniana eran evidentes, con la artillería ucraniana ampliamente superada en alcance y número. En respuesta a la indicación del presidente estadounidense Joe Biden de que se proporcionaría artillería mejorada a Ucrania, Putin indicó que Rusia ampliaría su frente de invasión para incluir nuevas ciudades de Ucrania y, en aparente represalia, ordenó un ataque con misiles contra Kiev el 6 de junio, después de no haber atacado directamente la ciudad durante varias semanas. El 10 de junio de 2022, Vadym Skibitsky, jefe adjunto de la inteligencia militar ucraniana, declaró durante la campaña de Severodonetsk que en los frentes era donde se decidiría el futuro de la invasión: "Esta es ahora una guerra de artillería, y estamos perdiendo en términos de artillería. Ahora todo depende de lo que [Occidente] nos dé. Ucrania tiene una pieza de artillería frente a 10 ó 15 piezas de artillería rusas. Nuestros socios occidentales nos han dado alrededor del 10% de lo que tienen". El 29 de junio, Reuters informó de que la Directora de Inteligencia Nacional, Avril Haines, al actualizar la evaluación de los servicios de inteligencia estadounidenses sobre la invasión rusa, afirmó que las agencias de inteligencia estadounidenses coinciden en

22

que la invasión continuará "durante un largo periodo de tiempo... En resumen, el panorama sigue siendo bastante sombrío y la actitud de Rusia hacia Occidente se está endureciendo". El 5 de julio, la BBC informaba de que la gran destrucción provocada por la invasión rusa causaría un inmenso daño financiero a la economía ucraniana en reconstrucción, afirmando lo siguiente "Ucrania necesita 750.000 millones de dólares para un plan de recuperación y los oligarcas rusos deberían contribuir al coste, ha dicho el primer ministro ucraniano Denys Shmyhal en una conferencia sobre reconstrucción en Suiza".

El 8 de octubre, el Ministerio de Defensa ruso nombró al general de las Fuerzas Aéreas Sergei Surovikin comandante general de las fuerzas rusas que combatían en Ucrania, sin nombrar a quién sustituía Surovikin. El 11 de enero de 2023, otro cambio en el alto mando situó a Valery Gerasimov, autor de la doctrina Gerasimov, como general a cargo de la invasión de Ucrania por Rusia. El 20 de febrero, Biden visitó Kiev en persona en misión diplomática para garantizar a Zelenskyy y a su gobierno el mantenimiento del apoyo financiero y de suministros militares de Estados Unidos en vísperas del final del primer año de la invasión rusa de Ucrania de 2022.

23

Primera fase: Invasión de Ucrania (24 de febrero - 7 de abril)

La invasión comenzó el 24 de febrero, lanzada desde Bielorrusia contra Kiev, y desde el noreste contra la ciudad de Kharkiv. El frente sudoriental se llevó a cabo como dos puntas de lanza separadas, desde Crimea y desde el sudeste contra Luhansk y Donetsk.

Kiev y el frente norte ucraniano

Los esfuerzos rusos para capturar Kiev incluyeron una punta de lanza probatoria el 24 de febrero, desde Bielorrusia hacia el sur a lo largo de la orilla occidental del río Dnipro, aparentemente para rodear la ciudad desde el oeste, apoyada por dos ejes de ataque separados desde Rusia a lo largo de la orilla oriental del Dnipro: el occidental en Chernihiv, y el oriental en Sumy. El objetivo era rodear Kiev por el noreste y el este.

Al parecer, Rusia intentó apoderarse rápidamente de Kiev, infiltrando Spetsnaz en la ciudad apoyados por operaciones aerotransportadas y un rápido avance mecanizado desde el norte, pero no tuvo éxito. Por aquel entonces, Estados Unidos se puso en contacto con el presidente Zelenskyy y le ofreció ayuda para huir del país en caso de que el ejército ruso intentara secuestrarlo o matarlo tras la toma de Kiev. Según se informa, Zelenskyy respondió a la petición de evacuar: "La lucha está aquí; necesito munición, no que me lleven", según un alto funcionario de los servicios de inteligencia estadounidenses con conocimiento directo de la conversación. El Washington Post, que describió la cita como "una de las frases más citadas de la invasión rusa", no estaba totalmente seguro de la exactitud del comentario. El periodista Glenn Kessler dijo que procedía de "una sola fuente, pero a primera vista parece ser una buena fuente". Las fuerzas rusas que avanzaban sobre Kiev desde Bielorrusia se hicieron con el control de las ciudades fantasma de Chernóbil y Prípiat. Las fuerzas aerotransportadas rusas intentaron apoderarse de dos aeródromos clave cerca de Kiev, lanzando un asalto aéreo en el aeropuerto de Antonov, y un aterrizaje similar en Vasylkiv, cerca de la base aérea de Vasylkiv, el 26 de febrero.

A principios de marzo, los avances rusos a lo largo del lado occidental del Dnipro se vieron limitados por las defensas ucranianas. El 5 de marzo, un gran convoy ruso, de 64 kilómetros de largo, apenas había avanzado hacia Kiev. El think tank londinense Royal United Services Institute (RUSI) calificó de "estancados" los avances rusos desde el norte y el este. Los avances desde Chernihiv se detuvieron en gran medida al iniciarse allí un asedio. Las fuerzas rusas continuaron avanzando hacia Kiev desde el noroeste, capturando Bucha, Hostomel y Vorzel el 5 de marzo, aunque Irpin seguía siendo disputada el 9 de marzo. El 11 de marzo, el largo convoy se había dispersado y puesto a cubierto. El 16 de marzo, las fuerzas ucranianas iniciaron una contraofensiva para repeler a las fuerzas rusas. Incapaces de lograr una victoria rápida en Kiev, las fuerzas rusas cambiaron su estrategia por el bombardeo indiscriminado y la guerra de asedio.

El 25 de marzo, una contraofensiva ucraniana retomó varias ciudades al este y al oeste de Kiev, entre ellas Makariv. Las tropas rusas en la zona de Bucha se retiraron hacia el norte a finales de marzo. Las fuerzas ucranianas entraron en la ciudad el 1 de abril. Ucrania declaró que había reconquistado toda la región alrededor de Kiev, incluidas Irpin, Bucha y Hostomel, y descubrió pruebas de crímenes de guerra en Bucha. El 6 de abril, el secretario general de la OTAN, Jens Stoltenberg, declaró que el "repliegue, reabastecimiento y redespliegue" ruso de sus tropas de la zona de Kiev debía interpretarse como una ampliación de los planes de Putin para Ucrania, al redesplegar y concentrar sus fuerzas en el este de Ucrania. En general, Kiev estuvo libre de ataques, salvo ataques aislados con misiles. Uno de ellos se produjo mientras el Secretario General de la ONU, António Guterres, visitaba Kiev el 28 de abril para hablar con Zelenskyy sobre los supervivientes del asedio de Mariupol. Una persona murió y varias resultaron heridas en el ataque.

Frente nororiental ucraniano

El 24 de febrero, las fuerzas rusas avanzaron hacia el óblast de Chernihiv y sitiaron su capital administrativa. Al día siguiente, las fuerzas rusas atacaron y capturaron Konotop. Ese mismo día, un avance separado en el óblast de Sumy atacó la ciudad de Sumy, a sólo 35 kilómetros (22 mi) de la frontera ruso-ucraniana. El avance se empantanó en combates urbanos y las fuerzas ucranianas lograron retener la ciudad, afirmando que se habían destruido más de 100 vehículos blindados rusos y capturado a docenas de soldados. Las fuerzas rusas también atacaron Okhtyrka, desplegando armas termobáricas.

El 4 de marzo, Frederick Kagan escribió que el eje de Sumy era entonces "la más exitosa y peligrosa vía de avance rusa sobre Kiev", y comentó que la geografía favorecía los avances mecanizados ya que el terreno "es llano y escasamente poblado, ofreciendo pocas buenas posiciones defensivas". Viajando por autopistas, las fuerzas rusas alcanzaron Brovary, un suburbio oriental de Kiev, el 4 de marzo. El Pentágono confirmó el 6 de abril que el ejército ruso había abandonado el óblast de Chernihiv, pero el óblast de Sumy seguía disputado. El 7 de abril, el gobernador de Sumy Oblast declaró que las tropas rusas se habían marchado, pero que habían dejado atrás explosivos manipulados y otros peligros.

Frente Sur Ucraniano

El 24 de febrero, las fuerzas rusas tomaron el control del Canal del Norte de Crimea. Las tropas utilizaron explosivos para destruir la presa que bloqueaba el río, lo que permitió a Crimea obtener agua del Dniéper, que había estado cortada desde 2014. El 26 de febrero, comenzó el asedio de Mariupol mientras el ataque se desplazaba hacia el este enlazando con Donbás, controlada por los separatistas. En el camino, las fuerzas rusas entraron en Berdiansk y la capturaron. El 1 de marzo, las fuerzas rusas atacaron Melitopol y las ciudades cercanas. El 25 de febrero, unidades rusas de la RPD avanzaron sobre Mariupol y fueron derrotadas cerca de Pavlopil. Al anochecer, la Armada rusa habría iniciado un asalto anfibio en la costa del Mar de Azov, a 70 kilómetros (43 mi) al oeste de Mariupol. Un funcionario de defensa estadounidense declaró que las fuerzas rusas podrían estar desplegando miles de infantes de marina desde esta cabeza de playa.

El 22º Cuerpo de Ejército ruso se acercó a la central nuclear de Zaporizhzhia el 26 de febrero y sitió Enerhodar para asumir el control. Se inició un incendio, pero el Organismo Internacional de Energía Atómica (OIEA) declaró que los equipos esenciales no habían sufrido daños. A pesar de los incendios, la central no registró fugas de radiación. Un tercer grupo de ataque ruso procedente de Crimea se desplazó hacia el noroeste y capturó puentes sobre el Dniéper. El 2 de marzo, las tropas rusas ganaron una batalla en Kherson; ésta fue la primera ciudad importante que cayó en manos de las fuerzas rusas en la invasión. Dos días después, las tropas rusas atacaron Mykolaiv. Fueron repelidas por las fuerzas ucranianas. El 2 de marzo, las fuerzas ucranianas iniciaron una contraofensiva en Horlivka, controlada por la RPD desde 2014.

Tras nuevos ataques con misiles el 14 de marzo en Mariupol, el gobierno ucraniano declaró que habían muerto más de 2.500 personas. El 18 de marzo, Mariupol estaba completamente rodeada y los combates alcanzaban el centro de la ciudad, lo que dificultaba los esfuerzos por evacuar a los civiles. El 20 de marzo, una escuela de arte que albergaba a unas 400 personas fue destruida por las bombas rusas. Los rusos exigieron la rendición y los ucranianos se negaron. El 24 de marzo, las fuerzas rusas entraron en el centro de Mariupol. El 27 de marzo, la viceprimera ministra ucraniana, Olha Stefanishyna, declaró que "más del 85% de toda la ciudad está destruida".

El 29 de marzo, Putin dijo por teléfono a Emmanuel Macron que el bombardeo de Mariúpol solo terminaría cuando los ucranianos se rindieran. El 1 de abril, las tropas rusas denegaron el paso a Mariúpol a 50 autobuses enviados por las Naciones Unidas para evacuar a civiles, mientras proseguían las conversaciones de paz en Estambul. El 3 de abril, tras la retirada de las fuerzas rusas de Kiev, Rusia amplió su ataque contra el sur de Ucrania hacia el oeste, con bombardeos y ataques contra Odesa, Mykolaiv y la central nuclear de Zaporizhzhia.

Frente oriental ucraniano

En el este, las tropas rusas intentaron capturar Kharkiv, a menos de 35 kilómetros (22 mi) de la frontera rusa, y se encontraron con una fuerte resistencia ucraniana. El 25 de febrero, la base aérea de Millerovo fue atacada por fuerzas militares ucranianas con misiles OTR-21 Tochka, que, según funcionarios ucranianos, destruyeron varios aviones de la Fuerza Aérea rusa y provocaron un incendio. El 28 de febrero, los ataques con misiles mataron a varias personas en Kharkiv. El 1 de marzo, Denis Pushilin, jefe de la RPD, anunció que las fuerzas de la RPD habían rodeado casi por completo la ciudad de

32

Volnovakha. El 2 de marzo, las fuerzas rusas fueron repelidas de Sievierodonetsk durante un ataque contra la ciudad. El 17 de marzo, las fuerzas rusas capturaron Izium, aunque continuaron los combates.

El 25 de marzo, el Ministerio de Defensa ruso afirmó que intentaría ocupar las principales ciudades del este de Ucrania. El 31 de marzo, el ejército ucraniano confirmó que Izium estaba bajo control ruso, y *PBS News* informó de nuevos bombardeos y ataques con misiles en Kharkiv, tan malos o peores que antes, mientras se reanudaban en Estambul las conversaciones de paz con Rusia.

En medio de la intensificación de los bombardeos rusos sobre Kharkiv el 31 de marzo, Rusia informó de un ataque con helicóptero contra un depósito de suministro de petróleo a unos 35 kilómetros (22 mi) al norte de la frontera, en Belgorod, y acusó a Ucrania del ataque. Ucrania negó su responsabilidad. El 7 de abril, la nueva concentración de tropas de invasión rusas y divisiones de tanques alrededor de las ciudades de Izium, Sloviansk y Kramatorsk llevó a los funcionarios del gobierno ucraniano a aconsejar a los residentes que quedaban cerca de la frontera oriental de Ucrania que evacuaran a Ucrania occidental en un plazo de 2 a 3 días, dada la ausencia de armas y municiones prometidas previamente a Ucrania para entonces.

Segunda fase: Frente sureste (8 de abril - 5 de septiembre)

El 17 de abril, los avances rusos en el frente sudoriental parecían verse obstaculizados por la oposición de las fuerzas ucranianas en la gran acería Azovstal, fuertemente fortificada, y sus alrededores, en Mariupol.

El 19 de abril, *The New York Times* confirmó que Rusia había lanzado un nuevo frente de invasión denominado "asalto oriental" a lo largo de un frente de 480 kilómetros (300 mi) que se extendía desde Kharkiv hasta Donetsk y Luhansk, con ataques simultáneos con misiles dirigidos de nuevo contra Kyiv, en el norte, y Lviv, en el oeste de Ucrania. A 30 de abril, un funcionario de la OTAN describió los avances rusos como "desiguales" y "menores". Un funcionario de Defensa estadounidense anónimo calificó la ofensiva rusa de "muy tibia", "mínima en el mejor de los casos" y "anémica".En junio de 2022, el portavoz jefe del Ministerio de Defensa ruso, Igor Konashenkov, reveló que las tropas rusas están divididas entre los grupos de ejército "Centro", al mando del coronel general Aleksander Lapin, y "Sur", al mando del general de ejército Sergey Surovikin. El 20 de julio, Lavrov anunció que Rusia respondería al aumento de la ayuda militar que recibe Ucrania del extranjero como justificación de la ampliación de su operación militar especial para incluir objetivos tanto en la región de Zaporizhzhia como en la de Kherson.

Las Fuerzas Terrestres rusas empezaron a reclutar batallones de voluntarios de las regiones en junio de 2022 para crear un nuevo 3er Cuerpo de Ejército dentro del Distrito Militar Occidental, con una dotación prevista de entre 15.500 y 60.000 efectivos. Sus unidades se desplegaron en el frente en torno a la contraofensiva ucraniana del oblast de Kharkiv del 9 de septiembre, a tiempo para unirse a la retirada rusa, dejando atrás tanques, vehículos de combate de infantería y vehículos de transporte de personal: el 3AC "se fundió" según *Forbes*, teniendo poco o ningún impacto en el campo de batalla junto con otras fuerzas irregulares.

Caída de Mariupol

El 13 de abril, las fuerzas rusas intensificaron su ataque contra la planta siderúrgica de Azovstal, en Mariupol, y contra las fuerzas de defensa ucranianas que permanecían allí. El 17 de abril, las fuerzas rusas habían rodeado la fábrica. El primer ministro ucraniano, Denys Shmyhal, declaró que los soldados ucranianos habían jurado ignorar el nuevo ultimátum de rendición y luchar hasta la última alma. El 20 de abril, Putin declaró que el asedio de Mariupol podía considerarse tácticamente completo, ya que los 500 soldados ucranianos atrincherados en búnkeres dentro de la fábrica de hierro Azovstal y los 1.000 civiles ucranianos estimados estaban completamente aislados de cualquier tipo de socorro en su asedio.

Tras reuniones consecutivas con Putin y Zelenskyy, el Secretario General de la ONU, Guterres, declaró el 28 de abril que intentaría organizar una evacuación de emergencia de los supervivientes de Azovstal, de acuerdo con las garantías que había recibido de Putin en su visita al Kremlin. El 30 de abril, las tropas rusas permitieron la salida de civiles bajo la protección de la ONU. El 3 de mayo, tras permitir la salida de unos 100 civiles ucranianos de la fábrica de acero de Azovstal, las tropas rusas reanudaron el bombardeo ininterrumpido de la fábrica de acero. El 6 de mayo, *The Telegraph* informó de que Rusia había utilizado bombas termobáricas contra los soldados

ucranianos que quedaban, que habían perdido el contacto
con el gobierno de Kiev; en sus últimas comunicaciones,
Zelenskyy había autorizado al comandante de la fábrica
de acero sitiada a rendirse si era necesario ante la presión
de los crecientes ataques rusos. El 7 de mayo, Associated
Press informó de que todos los civiles habían sido
evacuados de la acería de Azovstal al término de los tres
días de alto el fuego.

Tras la evacuación de los últimos civiles de los búnkeres
de Azovstal, cerca de dos mil soldados ucranianos
permanecieron atrincherados allí, con 700 heridos;
pudieron comunicar la petición de un corredor militar para
evacuar, ya que esperaban una ejecución sumaria si se
rendían a los rusos. El 8 de mayo, *Ukrainskaya Pravda*
informó de disensiones entre las tropas ucranianas en
Azovstal, indicando que el comandante de los infantes de
marina ucranianos asignados a la defensa de los búnkeres
de Azovstal realizó una adquisición no autorizada de
tanques, municiones y personal, abandonó la posición allí
ocupada y huyó. Los soldados restantes hablaron de una
posición defensiva debilitada en Azovstal como
consecuencia de ello, lo que permitió el avance hacia las
líneas de ataque rusas. Ilia Somolienko, subcomandante

de las tropas ucranianas que permanecen atrincheradas en Azovstal, declaró: "Aquí somos básicamente hombres muertos. La mayoría lo sabemos y por eso luchamos tan intrépidamente".

El 16 de mayo, el Estado Mayor ucraniano anunció que la guarnición de Mariupol había "cumplido su misión de combate" y que habían comenzado las evacuaciones finales de la fábrica de acero Azovstal. El ejército declaró que 264 miembros del servicio habían sido evacuados a Olenivka, bajo control ruso, mientras que 53 de ellos, que estaban "gravemente heridos", habían sido trasladados a un hospital de Novoazovsk, también controlado por las fuerzas rusas. Tras la evacuación del personal ucraniano de Azovstal, las fuerzas rusas y de la RPD controlaban plenamente todas las zonas de Mariupol. El final de la batalla también puso fin al asedio de Mariupol. El Secretario de Prensa ruso, Dmitry Peskov, declaró que el Presidente ruso, Vladimir Putin, había garantizado que los combatientes que se rindieran serían tratados "de acuerdo con las normas internacionales", mientras que el Presidente ucraniano, Volodymyr Zelenskyy, declaró en un discurso que "el trabajo de traer a los chicos a casa continúa, y este trabajo necesita delicadeza... y tiempo".
39

Algunos destacados legisladores rusos pidieron al gobierno que denegara los intercambios de prisioneros por miembros del Regimiento Azov.

Caída de Sievierodonetsk y Lisichansk

El 8 de abril se produjo un ataque ruso con misiles contra la estación de ferrocarril de la ciudad de Kramatorsk, en el que al parecer murieron al menos 52 personas y entre 87 y 300 resultaron heridas. El 11 de abril, Zelenskyy declaró que Ucrania esperaba una nueva gran ofensiva rusa en el este. Funcionarios estadounidenses afirmaron que Rusia se había retirado o había sido rechazada en otras partes de Ucrania, por lo que estaba preparando un repliegue, reabastecimiento y redespliegue de divisiones de infantería y tanques en el frente del sureste de Ucrania. Los satélites militares fotografiaron extensos convoyes rusos de infantería y unidades mecanizadas desplegándose hacia el sur desde Kharkiv hasta Izium el 11 de abril, aparentemente parte del redespliegue ruso planeado de sus tropas nororientales hacia el frente sudoriental de la invasión.

El 18 de abril, con Mariupol casi totalmente superada por las fuerzas rusas, el gobierno ucraniano anunció que la segunda fase de la invasión reforzada de las regiones de Donetsk, Luhansk y Kharkiv se había intensificado con la ocupación ampliada de las fuerzas de invasión de Donbás.

El 22 de mayo, la BBC informó de que, tras la caída de Mariupol, Rusia había intensificado las ofensivas en Luhansk y Donetsk, al tiempo que concentraba los ataques con misiles y el intenso fuego de artillería en Sievierodonetsk, la mayor ciudad bajo control ucraniano en la provincia de Luhansk.

El 23 de mayo, las fuerzas rusas entraron en la ciudad de Lyman y la tomaron por completo el 26 de mayo. Las fuerzas ucranianas abandonaron Sviatohirsk. El 24 de mayo, las fuerzas rusas capturaron la ciudad de Svitlodarsk. El 30 de mayo, Reuters informó de que las tropas rusas habían penetrado en las afueras de Sievierodonetsk. El 2 de junio, *The Washington Post informó de que* Sievierodonetsk estaba a punto de capitular ante la ocupación rusa, con más del 80% de la ciudad en manos de las tropas rusas. El 3 de junio, las fuerzas ucranianas iniciaron un contraataque en

Sievierodonetsk. El 4 de junio, fuentes del gobierno ucraniano afirmaron que el 20% o más de la ciudad había sido reconquistada.

El 12 de junio se informó de que posiblemente hasta 800 civiles ucranianos (según estimaciones ucranianas) y entre 300 y 400 soldados (según fuentes rusas) estaban sitiados en la fábrica química Azot de Severodonetsk. Ante el debilitamiento de las defensas ucranianas de Severodonetsk, las tropas de invasión rusas comenzaron a intensificar su ataque contra la ciudad vecina de Lisychansk como siguiente objetivo de la invasión. El 20 de junio se informó de que las tropas rusas seguían reforzando su control sobre Severodonetsk con la captura de pueblos y aldeas de los alrededores de la ciudad, la más reciente de las cuales era el pueblo de Metelkine.

El 24 de junio, la CNN informó de que, en medio de las continuas tácticas de tierra quemada aplicadas por el avance de las tropas rusas, se ordenó a las fuerzas armadas ucranianas que evacuaran Severodonetsk; varios cientos de civiles que se habían refugiado en la planta química de Azot quedaron atrás en la retirada, y algunos compararon su difícil situación con la de los civiles de la planta siderúrgica de Azovstal en Mariupol en mayo. El 3 de julio, la CBS anunció que el Ministerio de Defensa ruso afirmaba que la ciudad de Lisychansk había sido capturada y ocupada por las fuerzas rusas. El 4 de julio, *The Guardian informó de que,* tras la caída del óblast de Luhansk, las tropas invasoras rusas continuarían su invasión en el óblast adyacente de Donetsk para atacar las ciudades de Sloviansk y Bakhmut.

Frente de Kharkiv

Según informes, el 14 de abril, las tropas ucranianas volaron un puente entre Kharkiv e Izium utilizado por las fuerzas rusas para redesplegar tropas en Izium, impidiendo el paso del convoy ruso.

El 5 de mayo, David Axe, que escribía para *Forbes, afirmó* que el ejército ucraniano había concentrado sus brigadas de tanques 4ª y 17ª y la 95ª brigada de asalto aéreo en torno a Izium para una posible acción de retaguardia contra las tropas rusas desplegadas en la zona; Axe añadió que la otra gran concentración de fuerzas ucranianas en torno a Kharkiv incluía las brigadas mecanizadas 92ª y 93ª, que también podrían desplegarse para una acción de retaguardia contra las tropas rusas en torno a Kharkiv o enlazar con las tropas ucranianas que se estaban desplegando simultáneamente en torno a Izium.

El 13 de mayo, la BBC informó de que las tropas rusas en Kharkiv estaban siendo replegadas y redesplegadas a otros frentes en Ucrania tras los avances de las tropas ucranianas en las ciudades circundantes y en la propia Kharkiv, que incluían la destrucción de puentes de pontones estratégicos construidos por las tropas rusas para cruzar el río Seversky Donets y utilizados anteriormente para el despliegue rápido de tanques en la región.

Frente Kherson-Mykolaiv

Los ataques con misiles y los bombardeos de las ciudades clave de Mykolaiv y Odesa continuaron al iniciarse la segunda fase de la invasión. El 22 de abril, el general de brigada ruso Rustam Minnekayev declaró en una reunión del Ministerio de Defensa que Rusia planeaba ampliar su frente Mykolayiv-Odesa tras el asedio de Mariupol más al oeste para incluir la región secesionista de Transnistria, en la frontera ucraniana con Moldavia. El Ministerio de

Defensa de Ucrania calificó esta intención de imperialismo, afirmando que contradecía anteriores afirmaciones rusas de que no tenía ambiciones territoriales en Ucrania y que la declaración era una admisión de que "el objetivo de la "segunda fase" de la guerra no es la victoria sobre los míticos nazis, sino simplemente la ocupación del este y el sur de Ucrania". Georgi Gotev, que escribía para Reuters el 22 de abril, señaló que la ocupación de Ucrania desde Odesa hasta Transnistria la transformaría en una nación sin salida al mar y sin ningún acceso práctico al Mar Negro. El 24 de abril, Rusia reanudó sus ataques con misiles contra Odesa, destruyendo instalaciones militares y causando dos docenas de víctimas civiles.

El 27 de abril, fuentes ucranianas indicaron que las explosiones habían destruido dos torres de transmisión rusas en Transnistria, utilizadas principalmente para retransmitir la programación de la televisión rusa. A finales de abril, Rusia volvió a atacar con misiles las pistas de aterrizaje de Odesa, destruyendo algunas de ellas. Durante la semana del 10 de mayo, las tropas ucranianas comenzaron a emprender acciones militares para desalojar a las fuerzas rusas que se instalaron en la Isla de la Serpiente, en el Mar Negro, a unos 200 kilómetros

(120 mi) de Odesa. El 30 de junio de 2022, Rusia anunció que había retirado las tropas de la isla una vez cumplidos sus objetivos.

El 23 de julio, la CNBC informaba de un ataque ruso con misiles contra el puerto ucraniano de Odesa y afirmaba que la acción había sido rápidamente condenada por los líderes mundiales, una dramática revelación en medio de un reciente acuerdo negociado por la ONU y Turquía que garantizaba un corredor marítimo para la exportación de cereales y otros productos alimenticios. El 31 de julio, la CNN informó de una intensificación significativa de los ataques con cohetes y los bombardeos rusos sobre Mykolaiv, en los que también murió el magnate ucraniano de los cereales Oleksiy Vadaturskyi.

Frente de Zaporizhzhia

Las fuerzas rusas siguieron disparando misiles y lanzando bombas sobre las ciudades clave de Dnipro y Zaporizhzhia. El 10 de abril, misiles rusos destruyeron el aeropuerto internacional de Dnipro. El 2 de mayo, según informes, la ONU evacuó a un centenar de supervivientes del asedio de Mariupol, con la colaboración de tropas rusas, a la aldea de Bezimenne, cerca de Donetsk, desde donde se trasladarían a Zaporizhzhia. El 28 de junio, Reuters informó de que un ataque con misiles rusos fue lanzado sobre la ciudad de Kremenchuk, al noroeste de Zaporizhzhia, detonando en un centro comercial público y causando al menos 18 muertos, al tiempo que provocaba la condena del francés Emmanuel Macron, entre otros líderes mundiales, que hablaron de que se trataba de un "crimen de guerra". 2022 Julio Dnipro ataque con misiles mató a cuatro.

El 7 de julio, se informó de que después de que los rusos capturaran la central nuclear de Zaporizhzhia a principios de la invasión, instalaron artillería pesada y lanzamisiles móviles entre las paredes separadas del reactor de la instalación nuclear, utilizándolo como escudo contra un posible contraataque ucraniano. Un contraataque contra los emplazamientos de artillería rusos instalados no sería posible sin el riesgo de una lluvia radiactiva en caso de un impacto cercano. El 19 de agosto, Rusia accedió a permitir el acceso de los inspectores del OIEA a la planta de Zaporizhzhia desde territorio controlado por Ucrania, tras una llamada telefónica entre Macron y Putin. Para llevar a cabo la inspección aún era necesario acordar un alto el fuego temporal en torno a la central.

Rusia informó de que, hasta el 18 de agosto, se habían registrado 12 ataques con más de 50 explosiones de proyectiles de artillería en la central y en la ciudad de Energodar, donde se encuentra el personal. También el 19 de agosto, Tobias Ellwood, presidente del Comité Selecto de Defensa del Reino Unido, declaró que cualquier daño deliberado a la central nuclear de Zaporizhzhia que pudiera causar fugas de radiación constituiría una violación del artículo 5 del Tratado del Atlántico Norte, según el cual un ataque contra un Estado miembro de la OTAN es un ataque contra todos ellos. Al día siguiente, el congresista estadounidense Adam Kinzinger afirmó que cualquier fuga de radiación mataría a personas en los países de la OTAN, lo que supondría una activación automática del Artículo 5.

El 23 de agosto, los bombardeos alcanzaron los vertederos de cenizas de carbón de la central eléctrica de carbón vecina, y el 25 de agosto las cenizas estaban ardiendo. La línea de transmisión de 750 kV a la subestación de Dniprovska, que era la única de las cuatro líneas de transmisión de 750 kV que aún no había sido dañada y cortada por la acción militar, pasa por encima de los vertederos de ceniza. A las 12.12 horas del 25 de agosto, la línea se cortó debido al incendio que había debajo, desconectando la central y sus dos reactores operativos de la red nacional por primera vez desde que empezó a funcionar en 1985. En respuesta, se pusieron en marcha los generadores de reserva y las bombas de refrigerante del reactor 5, y el reactor 6 redujo la generación.

La energía entrante seguía estando disponible a través de la línea de 330 kV hasta la subestación de la central de carbón, por lo que los generadores diésel no eran imprescindibles para refrigerar los núcleos de los reactores y las piscinas de combustible gastado. La línea de 750 kV y el reactor 6 reanudaron su funcionamiento a las 12:29 p.m., pero la línea volvió a quedar cortada por el fuego dos horas más tarde. La línea, pero no los reactores, volvió a funcionar más tarde ese mismo día. El 26 de agosto, un reactor volvió a funcionar por la tarde y otro por la noche, reanudándose el suministro eléctrico a la red. El 29 de agosto de 2022, un equipo del OIEA dirigido por Rafael Grossi fue a investigar la central. Lydie Evrard y Massimo

49

Aparo también formaban parte del equipo de dirección. Antes de su llegada no se habían registrado fugas en la central, pero días antes se habían producido bombardeos.

Tercera fase: Anexiones rusas y contraataques ucranianos (6 de septiembre - actualidad)

El 6 de septiembre de 2022, las fuerzas ucranianas lanzaron una contraofensiva por sorpresa en la región de Kharkiv, comenzando cerca de Balakliia. Esta contraofensiva estaba dirigida por el general Syrskyi. El 12 de septiembre, una envalentonada Kiev lanzó una contraofensiva en los alrededores de Kharkiv con suficiente éxito como para que Rusia admitiera públicamente haber perdido posiciones clave en la zona. El *New York Times* informó el 12 de septiembre de que el éxito de la contraofensiva hizo mella en la imagen de un "Poderoso Putin", y llevó a animar al gobierno de Kiev a buscar más armas en Occidente para mantener su contraofensiva en Járkov y las zonas circundantes. El 21 de septiembre de 2022, Vladimir Putin anunció una movilización parcial. También afirmó que su país utilizará "todos los medios" para "defenderse". Ese mismo día, el ministro de Defensa, Sergei Shoigu, declaró que se llamaría obligatoriamente a 300.000 reservistas. Mykhailo Podolyak, asesor del presidente de Ucrania, Volodymyr Zelenskyy, declaró que la decisión era previsible, y que era un intento de justificar "los fracasos de Rusia". La ministra británica de Asuntos Exteriores, Gillian Keegan, calificó la situación de "escalada", mientras que el ex presidente mongol Tsakhia Elbegdorj acusó a Rusia de utilizar a los mongoles rusos como "carne de cañón".

El 8 de octubre de 2022, el puente de Crimea se derrumbó parcialmente debido a una explosión. Posteriormente, Rusia culpó a Ucrania de la explosión y lanzó ataques de represalia con misiles contra zonas civiles ucranianas. Desde mediados de octubre, Rusia ha llevado a cabo oleadas de ataques contra los sistemas eléctrico e hídrico ucranianos. El 15 de noviembre de 2022, Rusia disparó 85 misiles contra la red eléctrica ucraniana, provocando importantes cortes de electricidad en Kiev y las regiones vecinas. Un misil, que en un principio se informó que era ruso y más tarde se afirmó que era "de fabricación rusa", cruzó a Polonia, matando a dos personas en Przewodów, lo que llevó a los máximos dirigentes de Polonia a celebrar una reunión de emergencia. Al día siguiente, el presidente estadounidense, Joe Biden, declaró que era "improbable" que el misil que impactó en territorio polaco hubiera sido disparado desde Rusia. El 31 de diciembre, Putin ordenó un extenso y gran ataque con misiles y aviones no tripulados contra Kiev, acompañado de su declaración de que tiene la intención de aumentar la apuesta diplomática y militar de su operación militar especial contra Ucrania para todos los rusos que ahora es un "deber sagrado para con nuestros antepasados y descendientes". El 11 de enero de 2023, otro cambio en el alto mando situó a Valery Gerasimov como general a cargo de la invasión de Ucrania por Rusia. El 7 de febrero, *The New York Times* informó de que los rusos habían movilizado a casi 200.000 soldados recién movilizados para participar en la ofensiva hacia Nevske, contra tropas ucranianas ya agotadas por combates anteriores. El 20 de febrero, Biden visitó Kiev para garantizar a Zelenskyy el mantenimiento del apoyo financiero y de suministros militares de Estados Unidos a Ucrania en vísperas del final del primer año de la invasión rusa de Ucrania de 2022.

El 10 de marzo de 2023, *The New York Times* informa de que Rusia ha reconvertido sus ataques masivos con misiles contra Ucrania hacia el uso preferente de sistemas de misiles hipersónicos, más eficaces para eludir las defensas antimisiles convencionales ucranianas, que estaban demostrando su utilidad contra los sistemas de misiles rusos convencionales no hipersónicos. El 17 de marzo de 2023, la Corte Penal Internacional emitió una orden de detención contra Putin, alegando que Putin tenía responsabilidad penal en la deportación ilegal y el traslado de niños de Ucrania a Rusia durante la invasión rusa de Ucrania. Era la primera vez que la CPI dictaba una orden de detención contra el jefe de Estado de uno de los cinco miembros permanentes del Consejo de Seguridad de las Naciones Unidas (las cinco principales potencias nucleares del mundo).

Anexiones rusas

A finales de septiembre de 2022, funcionarios instalados por Rusia en Ucrania organizaron referendos sobre la anexión de territorios ocupados de Ucrania, incluidas la República Popular de Donetsk y la República Popular de Luhansk en las provincias ucranianas de Donetsk y Luhansk ocupadas por Rusia, así como las administraciones militares nombradas por Rusia en las provincias de Kherson y Zaporizhzhia. Denunciadas por el gobierno ucraniano y sus aliados como elecciones farsa, los resultados oficiales mostraron mayorías abrumadoras a favor de la anexión.

El 30 de septiembre de 2022, Vladimir Putin anunció la anexión de las regiones ucranianas de Donetsk, Luhansk, Kherson y Zaporizhzhia en un discurso ante las dos cámaras del Parlamento ruso. Ucrania, Estados Unidos, la Unión Europea y las Naciones Unidas denunciaron la anexión como ilegal.

Frente de Donetsk

Tras la derrota en Kherson y Kharkiv, las fuerzas rusas y wagnerianas se han centrado en tomar la ciudad de Bakhmut y romper el estancamiento de medio año que ha prevalecido allí desde el comienzo de la guerra. Las fuerzas rusas han intentado rodear la ciudad, atacando desde el norte a través de Soledar y, tras sufrir numerosas bajas durante la batalla, las fuerzas rusas y wagner tomaron el control del asentamiento el 16 de enero de 2023. Atacando desde el sur, el Ministerio de Defensa ruso y las fuerzas de Wagner afirmaron haber capturado Klishchiivka, un pueblo situado a 9 kilómetros (5,6 mi) al suroeste de Bakhmut en Donetsk el 20 de enero, sin embargo, esto aún no ha sido verificado de forma independiente. Esto significaría que Bajmut se enfrenta a ataques desde el norte, el sur y el este, con la única línea de suministros procedente del oeste a través de Chasiv Yar para defenderse de los renovados asaltos rusos.

El 22 de febrero, las fuerzas rusas habían rodeado Bajmut por el este, el sur y el norte. El 3 de marzo, los soldados ucranianos destruyeron dos puentes clave, creando la posibilidad de una retirada controlada de los combates. El 4 de marzo, el teniente de alcalde de Bajmut declaró a los servicios de noticias que había combates callejeros, pero que las fuerzas rusas no habían tomado el control de la ciudad. También el 4 de marzo, el jefe del Grupo Wagner declaró que la ciudad estaba rodeada, excepto por una carretera que seguía controlada por el ejército ucraniano, como había ocurrido desde el 22 de febrero. El 7 de marzo, el New York Times informó de que los generales ucranianos estaban solicitando permiso para seguir luchando contra los rusos en la ciudad, casi totalmente rodeada y asediada.

Frente de Zaporizhzhia

El 3 de septiembre de 2022, una delegación del OIEA visitó la central nuclear de Zaporizhzhia y el 6 de septiembre se publicó un informe en el que se documentaban los daños y amenazas a la seguridad de la central causados por los bombardeos externos y la presencia de tropas ocupacionales en la central. El 11 de septiembre, a las 3.14 horas, el sexto y último reactor se desconectó de la red, "parando por completo" la central. El comunicado de Energoatom decía que "se están llevando a cabo los preparativos para su enfriamiento y transferencia a un estado frío". El 24 de enero de 2023, *The Wall Street Journal* informó de la intensificación de los combates en la región de Zaporizhzhia, con numerosas bajas en ambos bandos.

Contraataques ucranianos

El 6 de septiembre de 2022, las fuerzas ucranianas lanzaron una contraofensiva por sorpresa en la región de Kharkiv, comenzando cerca de Balakliia. Esta contraofensiva estaba dirigida por el general Syrskyi. El 12 de septiembre, una envalentonada Kiev lanzó una contraofensiva en los alrededores de Kharkiv con suficiente éxito como para que Rusia admitiera públicamente haber perdido posiciones clave en la zona. El *New York Times* informó el 12 de septiembre de que el éxito de la contraofensiva hizo mella en la imagen de un

"Poderoso Putin", y llevó a animar al gobierno de Kiev a buscar más armas en Occidente para mantener su contraofensiva en Járkov y las zonas circundantes.

Contraofensiva de Kherson

El 29 de agosto, Zelenskyy anunció el inicio de una contraofensiva a gran escala en el sureste. Primero anunció una contraofensiva para retomar el territorio ocupado por Rusia en el sur, concentrándose en la región de Kherson-Mykolaiv, afirmación que fue corroborada por el parlamento ucraniano, así como por el Mando Operativo Sur.

El 4 de septiembre, Zelenskyy anunció la liberación de dos aldeas no identificadas en Kherson Oblast y una en Donetsk Oblast. Las autoridades ucranianas publicaron una foto que mostraba el izado de la bandera ucraniana en Vysokopillia por las fuerzas ucranianas.

El 6 de septiembre, Ucrania inició una segunda ofensiva en la zona de Kharkiv, donde logró un rápido avance. Mientras tanto, los ataques ucranianos también continuaron a lo largo de la línea del frente meridional, aunque los informes sobre cambios territoriales eran en gran medida inverificables. El 12 de septiembre, Zelenskyy afirmó que las fuerzas ucranianas habían recuperado un total de 6.000 kilómetros cuadrados de Rusia, tanto en el sur como en el este. La BBC declaró que no podía verificar estas afirmaciones.

En octubre, las fuerzas ucranianas avanzaron más hacia el sur, hacia la ciudad de Kherson, tomando el control de 1.170 kilómetros cuadrados de territorio, y los combates se extendieron hasta Dudchany.

El 9 de noviembre, el ministro de Defensa Shoigu ordenó a las fuerzas rusas que abandonaran parte de Kherson Oblast, incluida la ciudad de Kherson, y se trasladaran a la orilla oriental del Dniéper. El 11 de noviembre, las tropas ucranianas entraron en Kherson, mientras Rusia completaba su retirada. Esto significaba que las fuerzas rusas ya no tenían un punto de apoyo en la orilla occidental (derecha) del Dniéper.

Contraofensiva de Kharkiv

Mientras tanto, las fuerzas ucranianas lanzaron otra contraofensiva por sorpresa el 6 de septiembre en la región de Kharkiv, comenzando cerca de Balakliia. El 7 de
59

septiembre, las fuerzas ucranianas habían avanzado unos 20 kilómetros (12 mi) en territorio ocupado por Rusia y afirmaban haber reconquistado aproximadamente 400 kilómetros cuadrados (150 mi). Los comentaristas rusos dijeron que esto se debía probablemente a la reubicación de las fuerzas rusas en Kherson en respuesta a la ofensiva ucraniana allí. El 8 de septiembre, las fuerzas ucranianas capturaron Balakliia y avanzaron hasta situarse a 15 kilómetros de Kupiansk. Los analistas militares afirmaron que las fuerzas ucranianas parecían avanzar hacia Kupiansk, un importante nudo ferroviario, con el objetivo de cortar el paso a las fuerzas rusas de Izium desde el norte.

El 9 de septiembre, la administración rusa de ocupación del oblast de Kharkiv anunció que "evacuaría" a las poblaciones civiles de Izium, Kupiansk y Velykyi Burluk. El Instituto para el Estudio de la Guerra dijo que creía que Kupiansk probablemente caería en las próximas 72 horas, mientras que las unidades de reserva rusas fueron enviadas a la zona tanto por carretera como en helicóptero. En la mañana del 10 de septiembre, aparecieron fotos en las que se veía a las tropas ucranianas izando la bandera ucraniana en el centro de

Kupiansk, y el Instituto para el Estudio de la Guerra afirmó que las fuerzas ucranianas habían capturado aproximadamente 2.500 kilómetros cuadrados (970 millas cuadradas) aprovechando eficazmente su avance.

Más tarde ese mismo día, *Reuters* informó de que las posiciones rusas en el noreste de Ucrania se habían "derrumbado" ante el asalto ucraniano, y que las fuerzas rusas se habían visto obligadas a retirarse de su base de Izium tras quedar aisladas por la toma de Kupiansk. El 15 de septiembre, una evaluación del Ministerio de Defensa británico confirmó que Rusia había perdido o se había retirado de casi todas sus posiciones al oeste del río Oskil. Las unidades en retirada también habían abandonado varios activos militares de gran valor. La ofensiva siguió avanzando hacia el este y, el 2 de octubre, las fuerzas armadas ucranianas habían liberado otra ciudad clave en la Segunda Batalla de Lyman.

El 28 de enero de 2023, las fuerzas rusas lanzaron nuevos ataques cerca de Chervonopopivka (6 km al norte de Kreminna) en dirección a Nevsky (18 km al noroeste de Kreminna) y Makievka (22 km al noroeste de Kreminna). El Estado Mayor ucraniano informó de que las fuerzas ucranianas repelieron un ataque de la infantería rusa cerca de Bilohorivka (12 km al sur de Kreminna, al otro lado del río Donets). El 28 de enero, las tropas ucranianas respondieron a la contraofensiva rusa con ataques con misiles del sistema HIMARS contra un hospital de la ciudad de Novoaidar (a 55 km de Kreminna), en los que murieron 14 pacientes y personal militar. El 7 de febrero, *The New York Times* informó de que los rusos habían movilizado a casi 200.000 soldados recién movilizados para participar en la ofensiva hacia Nevske, contra tropas ucranianas ya agotadas por los combates anteriores.

Acontecimientos en Crimea

El 31 de julio de 2022, se cancelaron las conmemoraciones del Día de la Armada rusa después de que, al parecer, un ataque con drones hiriera a varias personas en el cuartel general de la Flota rusa del Mar Negro en Sebastopol. El 9 de agosto de 2022, se registraron grandes explosiones en la base aérea de Saky, en Crimea occidental. Las imágenes por satélite mostraron que al menos ocho aviones resultaron dañados o destruidos. Se desconoce la causa de las explosiones, pero podrían haber sido misiles de largo alcance, sabotaje de fuerzas especiales o un accidente; el comandante en jefe ucraniano Valerii Zaluzhnyi, uno de los principales comandantes ucranianos durante la guerra, afirmó el 7 de septiembre que había sido un ataque con misiles ucranianos.

La base está situada cerca de la ciudad de Novofedorivka, muy popular entre los turistas. Tras las explosiones se formaron colas para abandonar la zona en el puente de Crimea. Una semana después se produjeron explosiones y un incendio en un depósito de armas cerca de Dzhankoi, en el noreste de Crimea, que Rusia atribuyó a un "sabotaje". También resultaron dañadas una línea de ferrocarril y una central eléctrica. Según el jefe regional ruso, Sergei Aksyonov, 2.000 personas fueron evacuadas de la zona. El 18 de agosto se registraron explosiones en la base aérea de Belbek, al norte de Sebastopol.

En la mañana del 8 de octubre, el puente de Kerch, que une la Crimea ocupada con Rusia, fue alcanzado por una gran explosión que derrumbó parte de la calzada y causó daños en la vía férrea.

Ataques con misiles y guerra aérea

63

La guerra aérea comenzó el primer día de la invasión. En septiembre, las fuerzas aéreas ucranianas aún contaban con el 80% de sus efectivos de preguerra y habían derribado unos 55 aviones de combate rusos. A finales de diciembre, se confirmó el derribo de 173 aviones y vehículos aéreos no tripulados ucranianos, mientras que Rusia había perdido 171 aparatos. Con el inicio de la invasión, se registraron decenas de ataques con misiles tanto en el este como en el oeste de Ucrania. Decenas de ataques con misiles en toda Ucrania llegaron también hasta el oeste de Lviv. A partir de mediados de octubre, las fuerzas rusas lanzaron ataques masivos con misiles contra las infraestructuras ucranianas, con la intención de derribar las instalaciones energéticas de todo el país. A finales de noviembre, cientos de civiles habían muerto o resultado heridos por los ataques, y millones de civiles se habían quedado sin electricidad debido a los continuos apagones.

El 16 de octubre, el *Washington Post informó de que* Irán planeaba suministrar a Rusia tanto drones como misiles. El 21 de noviembre, el Ministerio de Defensa ucraniano declaró que, según informaciones aparecidas en la prensa israelí, Israel podría responder transfiriendo misiles de corto y medio alcance a Ucrania. El 18 de octubre de 2022, el Departamento de Estado de Estados Unidos acusó a Irán de violar la Resolución 2231 de la ONU por la venta de los drones Shahed 131 y Shahed 136 a Rusia, coincidiendo con valoraciones similares de Francia y Reino Unido. Irán negó haber enviado armas para su uso en la guerra de Ucrania. El 22 de octubre, Francia, Gran Bretaña y Alemania pidieron formalmente una investigación por parte del equipo de la ONU responsable de la RCSNU 2231. El 1 de noviembre, la CNN informó de que Irán estaba preparando el envío de misiles balísticos y otras armas a Rusia para su uso en Ucrania. El 21 de noviembre, la CNN informó de que una evaluación de los servicios de inteligencia había concluido que Irán planeaba ayudar a Rusia a iniciar la producción de aviones no tripulados diseñados por Irán en Rusia. No se dio el nombre del país que había realizado la evaluación.

El 29 de diciembre, el gobierno de Biden declaró mediante súplicas diplomáticas que Irán tendría que reducir su suministro de aviones no tripulados a Rusia que se están utilizando en su invasión de Ucrania, bajo la alternativa de que Estados Unidos se vería obligado a redoblar su suministro de tecnología de interceptación de misiles antidrones a Ucrania con el fin de anular el armamento iraní de aviones no tripulados que se está desplegando actualmente contra Ucrania.

En diciembre, varios ataques contra las bases aéreas de Dyagilevo y Engels, en el oeste de Rusia, fueron presuntamente llevados a cabo por drones lanzados desde Ucrania y causaron 10 víctimas, además de graves daños a 2 aviones Tu-95.

Bloqueo naval y enfrentamientos

Ucrania está situada en el Mar Negro, que sólo tiene acceso al océano a través de los estrechos del Bósforo y los Dardanelos, controlados por Turquía. El 28 de febrero, Turquía invocó la Convención de Montreux de 1936 y selló los estrechos a los buques de guerra rusos que no estuvieran registrados en las bases de operaciones del Mar Negro y que no regresaran a sus puertos de origen. Esto impidió el paso de cuatro buques de guerra rusos a través de los estrechos turcos a finales de febrero. El 24 de febrero, el Servicio Estatal de Guardia de Fronteras de Ucrania anunció que se había iniciado un ataque a la Isla de la Serpiente por parte de buques de la Armada rusa. El crucero de misiles guiados *Moskva* y la patrullera *Vasily Bykov* bombardearon la isla con sus cañones de cubierta. Cuando el buque de guerra ruso se identificó e indicó a los soldados ucranianos apostados en la isla que se rindieran, su respuesta fue: "Buque de guerra ruso, ¡vete a la mierda!". Tras el bombardeo, un destacamento de soldados rusos desembarcó y tomó el control de la isla Serpiente.

El 26 de febrero, Rusia declaró que los aviones no tripulados estadounidenses proporcionaban información a la marina ucraniana para ayudarla a atacar buques de guerra rusos en el Mar Negro, lo que Estados Unidos negó. El 3 de marzo, la fragata ucraniana *Hetman Sahaidachny*, buque insignia de la armada ucraniana, fue hundida en Mykolaiv para impedir su captura por las fuerzas rusas. El 14 de marzo, la fuente rusa RT informó de que las Fuerzas Armadas rusas habían capturado una docena de buques ucranianos en Berdiansk, entre ellos el buque de desembarco de clase Polnocny *Yuri Olefirenko*. El 24 de marzo, funcionarios ucranianos afirmaron que un buque de desembarco ruso atracado en Berdiansk -que en un principio se dijo que era el *Orsk* y luego su buque gemelo, el Saratov- fue destruido por un ataque ucraniano con cohetes. En marzo de 2022, la Organización Marítima Internacional (OMI) de la ONU intentó crear un corredor marítimo seguro para que los buques comerciales pudieran salir de los puertos ucranianos. El 27 de marzo, Rusia estableció un corredor marítimo de 80 millas (130 km) de largo y 3 millas (4,8 km) de ancho a través de su Zona de Exclusión Marítima, para el tránsito de buques mercantes desde el borde de las aguas territoriales ucranianas al sureste de Odesa. Ucrania cerró sus puertos al nivel MARSEC 3, con minas marinas colocadas en los accesos a los puertos, hasta el fin de las hostilidades.

El crucero ruso *Moskva,* buque insignia de la Flota del Mar Negro, fue alcanzado el 13 de abril, según fuentes ucranianas y un alto funcionario estadounidense, por dos misiles de crucero antibuque Neptune ucranianos, que incendiaron el buque. El Ministerio de Defensa ruso confirmó que el buque de guerra había sufrido graves daños debido a una explosión de munición provocada por un incendio, y dijo que toda su tripulación había sido evacuada. El portavoz del Pentágono, John Kirby, informó el 14 de abril de que las imágenes por satélite mostraban que el buque de guerra ruso había sufrido una explosión considerable a bordo, pero que se dirigía hacia el este para realizar las reparaciones y el reacondicionamiento previstos en Sebastopol. Ese mismo día, el Ministerio de Defensa ruso declaró que *el Moskva* se había hundido mientras era remolcado por el mal tiempo. El 15 de abril, Reuters informó de que Rusia había lanzado un aparente ataque de represalia con misiles contra la fábrica de misiles Luch Design Bureau de Kiev, donde se fabricaron y diseñaron los misiles Neptune utilizados en el ataque al Moskva. El 5 de mayo, un funcionario estadounidense confirmó que Estados Unidos había proporcionado "toda una serie de datos de inteligencia" (incluida información en tiempo real sobre objetivos en el campo de batalla) para ayudar en el hundimiento del *Moskva*.

A principios de mayo, las fuerzas ucranianas lanzaron contraataques en la Isla de la Serpiente. El Ministerio de Defensa ruso afirmó haber repelido estos contraataques. Ucrania difundió imágenes de una lancha rusa de desembarco de clase Serna situada en el Mar Negro que fue destruida cerca de la Isla de la Serpiente por un dron ucraniano. El mismo día, un par de Su-27 ucranianos bombardearon a gran velocidad y a baja altura la Isla de la Serpiente, ocupada por Rusia; el ataque fue filmado por un avión no tripulado Baykar Bayraktar TB2. El 1 de junio, el ministro de Asuntos Exteriores ruso, Serguéi Lavrov, afirmó que la política de Ucrania de minar sus propios puertos para impedir la agresión marítima rusa había contribuido a la crisis de exportación de alimentos, declarando que: "Si Kiev resuelve el problema del desminado de los puertos, la Armada rusa garantizará el paso sin trabas de los barcos con grano hacia el mar Mediterráneo". El 30 de junio de 2022, Rusia anunció que había retirado las tropas de la isla en un "gesto de buena voluntad". Posteriormente, Ucrania confirmó oficialmente la retirada.

Amenazas nucleares

A los cuatro días de la invasión, el presidente Putin puso a las fuerzas nucleares rusas en alerta máxima, lo que hizo temer que Rusia pudiera utilizar armas nucleares tácticas contra Ucrania, o que se produjera una escalada más amplia del conflicto. Durante el mes de abril, Putin y el ministro de Asuntos Exteriores ruso, Sergei Lavrov, profirieron una serie de amenazas aludiendo al uso de armas nucleares contra Ucrania y los países que la apoyan. El 14 de abril, el director de la CIA, William Burns, afirmó que la "posible desesperación" ante la derrota podría animar al presidente Putin a utilizar armas nucleares tácticas. En respuesta al desprecio por parte de Rusia de las precauciones de seguridad durante su ocupación de la antigua central nuclear inutilizada de Chernóbil y su lanzamiento de misiles en las proximidades de la central nuclear activa de Zaporizhzhia, el 26 de abril el Presidente Zelenskyy pidió un debate internacional sobre la regulación del uso de los recursos nucleares por parte de Rusia, declarando: "nadie en el mundo puede sentirse seguro sabiendo cuántas instalaciones nucleares, armas nucleares y tecnologías conexas posee el Estado ruso... Si Rusia ha olvidado lo que es Chernóbil, significa que es necesario un control mundial sobre las instalaciones nucleares rusas y la tecnología nuclear". En agosto, los bombardeos en torno a la central nuclear de Zaporizhzhia derivaron en una crisis que provocó una inspección de emergencia del Organismo Internacional de la Energía Atómica. Ucrania ha calificado la crisis de acto de terrorismo nuclear por parte de Rusia. El 19 de septiembre, la CNBC informó de que la respuesta de Biden a las incertidumbres rusas sobre su falta de éxito en el combate en su invasión afirmando: "El presidente Joe Biden advirtió de una respuesta 'consecuente' por parte de Estados Unidos si el presidente ruso Vladimir Putin

71

utilizara armas nucleares u otras armas no convencionales.... A la pregunta de qué le diría a Putin si estuviera considerando tal acción, Biden respondió: 'No lo hagas. No lo hagas. No lo hagas". Tras su declaración del 19 de septiembre, Biden compareció ante las Naciones Unidas el 21 de septiembre y continuó con sus críticas al ruido de sables nuclear de Putin, afirmando que Putin era "abierto, imprudente e irresponsable.... Una guerra nuclear no puede ganarse y nunca debe librarse". En enero de 2023, Graham Allison, escribiendo para *Time*, presentó un resumen de siete puntos de la hipotética intención de Putin de desplegar armas nucleares tácticas en Ucrania.

Resistencia ucraniana

Los civiles ucranianos resistieron la invasión rusa, ofreciéndose voluntarios para las unidades de defensa territorial, fabricando cócteles Molotov, donando alimentos, construyendo barreras como erizos checos y ayudando a transportar refugiados. En respuesta a un llamamiento de la agencia de transportes ucraniana, Ukravtodor, los civiles desmontaron o alteraron señales de tráfico, construyeron barreras improvisadas y bloquearon carreteras. Los informes de las redes sociales mostraban protestas callejeras espontáneas contra las fuerzas rusas en los asentamientos ocupados, que a menudo derivaban en altercados verbales y enfrentamientos físicos con las tropas rusas. A principios de abril, los civiles ucranianos empezaron a organizarse en guerrillas, sobre todo en las zonas boscosas del norte y el este del país. El ejército ucraniano anunció sus planes de lanzar una campaña guerrillera a gran escala para complementar su defensa convencional contra la invasión rusa.

La gente bloqueó físicamente los vehículos militares rusos, obligándoles en ocasiones a retirarse. La respuesta de los soldados rusos a la resistencia civil desarmada varió desde la reticencia a enfrentarse a los manifestantes hasta disparar al aire o directamente contra la multitud. Se han producido detenciones masivas de manifestantes ucranianos, y los medios de comunicación ucranianos han informado de desapariciones forzadas, simulacros de ejecución, toma de rehenes, ejecuciones extrajudiciales y violencia sexual perpetradas por el ejército ruso. Para facilitar los ataques ucranianos, los civiles informaron de posiciones militares rusas a través de un chatbot de Telegram y Diia, una aplicación del gobierno ucraniano utilizada anteriormente por los ciudadanos para subir documentos oficiales de identidad y médicos. En respuesta, las fuerzas rusas comenzaron a destruir equipos de redes de telefonía móvil, a registrar puerta por puerta en busca de teléfonos inteligentes y ordenadores y, al menos en un caso, a matar a un civil al que encontraron con fotos de tanques rusos.

El 21 de mayo, Zelenskyy indicó que Ucrania tenía 700.000 militares en servicio activo combatiendo la invasión rusa. A lo largo de 2022, Ucrania retiró a soldados y equipos militares desplegados en misiones de mantenimiento de la paz de las Naciones Unidas, como la MONUSCO en la República Democrática del Congo.

Reacciones a la guerra

La invasión recibió una amplia condena internacional por parte de gobiernos y organizaciones intergubernamentales. El 2 de marzo de 2022 y el 23 de febrero de 2023, 141 Estados miembros de la Asamblea General de la ONU votaron a favor de la retirada inmediata de Rusia, mientras que sólo cinco y siete Estados miembros, respectivamente, incluida Rusia, votaron en contra de las resoluciones. Las reacciones políticas a la invasión incluyeron nuevas sanciones impuestas a Rusia, que desencadenaron efectos económicos generalizados en la economía rusa y mundial. La Unión Europea y otros gobiernos occidentales financiaron y entregaron ayuda humanitaria y militar a Ucrania. El bloque también aplicó diversas sanciones económicas, entre ellas la prohibición de que los aviones rusos utilizaran el espacio aéreo de la UE, la prohibición de que determinados bancos rusos utilizaran el sistema de pagos internacionales SWIFT y la prohibición de que determinados medios de comunicación rusos utilizaran el sistema de pagos internacionales SWIFT y la prohibición de que determinados medios de comunicación rusos utilizaran el sistema de pagos internacionales SWIFT. Las reacciones a la invasión han

75

variado considerablemente en un amplio espectro de preocupaciones que incluyen la respuesta pública, las respuestas de los medios de comunicación, los esfuerzos de paz y el examen de las implicaciones jurídicas de la invasión.

La invasión recibió una amplia condena pública a escala internacional, mientras que en algunos países, ciertos sectores expresaron simpatía o franco apoyo a Rusia debido, en parte, a la desconfianza hacia la política exterior estadounidense. Se celebraron protestas y manifestaciones en todo el mundo, incluidas algunas en Rusia y en partes de Ucrania ocupadas por Rusia. Los llamamientos al boicot de los productos rusos se extendieron por las redes sociales, y los piratas informáticos atacaron sitios web rusos, especialmente los del gobierno ruso. El sentimiento antirruso contra los rusos residentes en el extranjero aumentó tras la invasión.

La invasión llevó a Ucrania, Finlandia y Suecia a solicitar oficialmente su ingreso en la OTAN.

Participación extranjera

Aunque Ucrania no es miembro de la OTAN y no tiene ninguna alianza militar con Estados Unidos ni con ninguna nación de la OTAN, el Instituto Kiel ha rastreado 84.200 millones de dólares de los 40 países y la Unión Europea en ayuda financiera, humanitaria y militar a Ucrania desde el 24 de enero hasta el 3 de agosto de 2022. La OTAN está coordinando y ayudando a los Estados miembros a proporcionar miles de millones de dólares en equipamiento militar y ayuda financiera a Ucrania. Estados Unidos ha proporcionado la mayor parte de la ayuda militar, habiendo comprometido más de 29.300 millones de dólares desde el 24 de febrero de 2022 hasta el 3 de febrero de 2023. Muchos aliados de la OTAN, entre ellos Alemania, han dado marcha atrás en sus políticas anteriores de no proporcionar ayuda militar ofensiva para apoyar a Ucrania. La Unión Europea, por primera vez en su historia, suministró armas letales y ha proporcionado 3.100 millones de euros a Ucrania. Bulgaria, uno de los principales fabricantes de armas de fabricación soviética, ha suministrado de forma encubierta a Ucrania armas y munición por valor de más de 2.000 millones de euros, incluida una tercera parte de la munición que necesitó el ejército ucraniano en la crítica fase inicial de la invasión; Bulgaria también suministra combustible y, en ocasiones,

77

ha cubierto el 40% de las necesidades de combustible de las fuerzas armadas ucranianas.

La implicación extranjera en la invasión ha sido mundial y extensa, y ha abarcado desde ventas y ayudas militares extranjeras, participación militar extranjera, sanciones y ramificaciones extranjeras, hasta condenas y protestas extranjeras. Aunque la OTAN y la UE han adoptado públicamente una política estricta de "no poner las botas sobre el terreno" en Ucrania, Estados Unidos ha aumentado considerablemente la participación secreta de militares de operaciones especiales y agentes de la CIA en apoyo de las fuerzas ucranianas desde el comienzo de la invasión. Los países occidentales y otros países impusieron sanciones limitadas a Rusia cuando reconoció a Donbás como nación independiente. Cuando comenzó el ataque, muchos otros países aplicaron sanciones destinadas a paralizar la economía rusa. Las sanciones iban dirigidas a particulares, bancos, empresas, cambios monetarios, transferencias bancarias, exportaciones e importaciones.

El 17 de marzo de 2023, los jueces penales
internacionales dictaron una orden de detención contra el
dirigente ruso Vladimir Putin.

Víctimas de la guerra en Ucrania

Bajas y heridos sobre el terreno en Ucrania

Las muertes en combate pueden deducirse de diversas fuentes, como fotos de satélite y vídeos de acciones militares. En general, se cree que tanto las fuentes rusas como las ucranianas inflan el número de bajas en las fuerzas contrarias, al tiempo que restan importancia a sus propias pérdidas en aras de la moral. Los medios de comunicación rusos han dejado de informar sobre el número de muertos rusos. Rusia y Ucrania admitieron haber sufrido pérdidas "significativas" y "considerables", respectivamente. BBC News informó en abril de 2022 de que las cifras ucranianas de muertos rusos incluían a los heridos vivos. Agence France-Presse y los observadores independientes del conflicto no pudieron verificar las afirmaciones rusas y ucranianas sobre las pérdidas enemigas y sospecharon que estaban infladas.

El número de muertos civiles y militares es imposible de determinar con precisión en la niebla de la guerra. El 12 de octubre de 2022, el proyecto mediático independiente ruso iStories informó de que más de 90.000 soldados rusos habían muerto, resultado gravemente heridos o desaparecido en Ucrania, citando fuentes cercanas al Kremlin. La Oficina del Alto Comisionado de las Naciones Unidas para los Derechos Humanos (ACNUDH) estima que el número de víctimas civiles es considerablemente superior a la cifra que Naciones Unidas ha podido certificar. El 16 de junio, el ministro de Defensa ucraniano declaró a la CNN que creía que habían muerto decenas de miles de ucranianos, y añadió que esperaba que la cifra real de muertos fuera inferior a 100.000. Sólo en la ciudad destruida de Mariupol, las autoridades ucranianas creen que han muerto al menos 25.000 personas, pero las investigaciones de los registros de las morgues indican que son muchos más, y algunos cadáveres siguen sin ser recogidos.

Prisioneros de guerra

Las estadísticas oficiales y las estimaciones de prisioneros de guerra (POW) han variado. En las fases iniciales de la invasión, el 24 de febrero, Oksana Markarova, embajadora de Ucrania en Estados Unidos, declaró que un pelotón de la 74ª Brigada de Fusileros Motorizados de la Guardia, procedente del óblast de Kemerovo, se había rendido, afirmando que desconocían que habían sido llevados a Ucrania y encargados de matar ucranianos. Rusia afirmó haber capturado a 572 soldados ucranianos hasta el 2 de marzo de 2022, mientras que Ucrania afirmó que 562 soldados rusos permanecían prisioneros hasta el 20 de marzo, habiéndose informado previamente de la liberación de 10 en un intercambio de prisioneros por cinco soldados ucranianos y el alcalde de Melitopol.

Un informe de *The Independent* del 9 de junio citaba un informe de los servicios de inteligencia que estimaba en más de 5.600 los soldados ucranianos capturados, mientras que el número de militares rusos retenidos como prisioneros había descendido a 550, frente a los 900 de abril, tras varios intercambios de prisioneros. En cambio, *Ukrayinska Pravda afirmaba que el* 20 de junio había 1.000 soldados rusos prisioneros.

El primer gran intercambio de prisioneros tuvo lugar el 24 de marzo, cuando se intercambiaron 10 soldados rusos y 10 ucranianos, así como 11 marineros civiles rusos y 19 ucranianos. El 1 de abril se intercambiaron 86 soldados ucranianos por un número indeterminado de soldados rusos.

El 25 de agosto, se publicó una investigación llevada a cabo por el Laboratorio de Investigación Humanitaria de la Escuela de Salud Pública de Yale y el Observatorio de Conflictos en la que se informaba de la identificación de unos 21 campos de filtración en el oblast de Donetsk controlado por Rusia y sus alrededores, dirigidos por fuerzas rusas y aliadas rusas y utilizados para "civiles, prisioneros de guerra y otro personal" ucraniano. Estos campos se utilizaron supuestamente para cuatro fines principales: como puntos de registro; como campos y otras instalaciones de retención para quienes esperaban ser registrados; como centros de interrogatorio; y como "colonias correccionales" (es decir, prisiones). En la prisión de Olenivka, uno de los campos identificados, los investigadores consideraron que la tierra removida que se veía en las imágenes correspondía a tumbas. Kaveh Khoshnood, profesor de la Escuela de Salud Pública de Yale, afirmó: "La detención en régimen de incomunicación de civiles es algo más que una violación del derecho internacional humanitario: representa una amenaza para la salud pública de quienes se encuentran actualmente bajo custodia de Rusia y sus apoderados. Las condiciones de confinamiento documentadas en este informe supuestamente incluyen saneamiento insuficiente,

83

escasez de alimentos y agua, condiciones de hacinamiento y, según los informes, actos consistentes con la tortura."

Impacto humanitario

El impacto humanitario de la invasión ha sido amplio y ha incluido repercusiones negativas sobre los suministros internacionales de alimentos y las crisis alimentarias de 2022. La invasión también ha tenido un impacto negativo en el patrimonio cultural de Ucrania, con más de 500 sitios del patrimonio cultural ucraniano, incluidos centros culturales, teatros, museos e iglesias, que se han visto afectados por la "agresión rusa", y el Ministro de Cultura de Ucrania lo ha calificado de genocidio cultural. La destrucción deliberada y el saqueo del patrimonio cultural ucraniano se consideran crímenes de guerra.

Crisis de los refugiados ucranianos

La guerra provocó la mayor crisis humanitaria y de refugiados en Europa desde las guerras yugoslavas de la década de 1990; la ONU la describió como la crisis de este tipo de más rápido crecimiento desde la Segunda Guerra Mundial. Mientras Rusia acumulaba fuerzas militares a lo largo de la frontera ucraniana, muchos gobiernos vecinos y organizaciones de ayuda se prepararon para un desplazamiento masivo en las semanas previas a la invasión. En diciembre de 2021, el ministro de Defensa ucraniano estimó que una invasión podría obligar a huir de sus hogares a entre tres y cinco millones de personas.

En la primera semana de la invasión, la ONU informó de que más de un millón de refugiados habían huido de Ucrania; esta cifra aumentó posteriormente a más de ocho millones el 31 de enero de 2023. El 20 de mayo, NPR informó de que, tras una importante afluencia de equipos militares extranjeros a Ucrania, un número significativo de refugiados está tratando de regresar a regiones de Ucrania que están relativamente aisladas del frente de invasión en el sureste de Ucrania. Sin embargo, el 3 de mayo, otros 8 millones de personas estaban desplazadas dentro de Ucrania.

La mayoría de los refugiados eran mujeres, niños, ancianos o personas con discapacidad. A la mayoría de los varones ucranianos de entre 18 y 60 años se les denegó la salida de Ucrania como parte del servicio militar obligatorio, a menos que fueran responsables de la manutención económica de tres o más hijos, padres solteros o fueran padres/tutores de niños discapacitados.

Muchos hombres ucranianos, incluidos adolescentes, optaron por permanecer voluntariamente en Ucrania para unirse a la resistencia.

En cuanto a los destinos, según el Alto Comisionado de la ONU para los Refugiados, a 13 de mayo había 3.315.711 refugiados en Polonia, 901.696 en Rumania, 594.664 en Hungría, 461.742 en Moldavia, 415.402 en Eslovaquia y 27.308 en Bielorrusia, mientras que Rusia informó de que había recibido más de 800.104 refugiados. A 23 de marzo, más de 300.000 refugiados habían llegado a la República Checa. Turquía ha sido otro destino importante, registrando más de 58.000 refugiados ucranianos hasta el 22 de marzo, y más de 58.000 hasta el 25 de abril. La UE invocó por primera vez en su historia la Directiva de Protección Temporal, que concede a los refugiados ucranianos el derecho a vivir y trabajar en la UE durante un máximo de tres años. Gran Bretaña ha aceptado a 146.379 refugiados, además de ampliarles la posibilidad de permanecer en el Reino Unido durante 3 años con derechos muy similares a los de la UE, tres años de residencia y acceso a la asistencia y los servicios públicos.

Según la Organización para la Seguridad y la Cooperación en Europa (OSCE), Rusia ha llevado a cabo una "deportación masiva" de más de 1,3 millones de civiles ucranianos, lo que podría constituir crímenes contra la humanidad. La OSCE y Ucrania han acusado a Rusia de trasladar por la fuerza a civiles a campos de filtración en territorio controlado por Rusia, y luego a Rusia. Fuentes ucranianas han comparado esta política con los traslados de población de la era soviética y las acciones rusas en la Guerra de Independencia de Chechenia. Por ejemplo, el 8 de abril, Rusia afirmó haber evacuado a Rusia a unos 121.000 residentes de Mariupol. Asimismo, el 19 de octubre, Rusia anunció la deportación forzosa de 60.000 civiles de las zonas próximas a la línea de contacto en el oblast de Kherson. RIA Novosti y funcionarios ucranianos afirmaron que miles de personas fueron enviadas a diversos centros en ciudades de Rusia y de la Ucrania ocupada por Rusia, desde donde se enviaron a regiones económicamente deprimidas de Rusia. En abril, el secretario del Consejo de Seguridad Nacional y Defensa de Ucrania, Oleksiy Danilov, declaró que Rusia planeaba construir "campos de concentración" para ucranianos en Siberia occidental, y que probablemente planeaba obligar a los prisioneros a construir nuevas ciudades en Siberia. 88

Una segunda crisis de refugiados creada por la invasión y por la represión de los derechos humanos por parte del gobierno ruso ha sido la huida de más de 300.000 refugiados políticos e inmigrantes económicos rusos, el mayor éxodo de Rusia desde la Revolución de Octubre de 1917, a países como los Estados bálticos, Finlandia, Georgia, Turquía y Asia Central. Para el 22 de marzo, se calculaba que entre 50.000 y 70.000 trabajadores de alta tecnología habían abandonado el país, y que entre 70.000 y 100.000 más podrían seguirles. En Rusia surgieron temores sobre el efecto de esta fuga de talentos en el desarrollo económico. Algunos refugiados rusos intentaron oponerse a Putin y ayudar a Ucrania desde fuera de su país, y algunos sufrieron discriminación por ser rusos. También se ha producido un éxodo de millonarios. El 6 de mayo, *The Moscow Times*, citando datos del FSB, informó de que casi cuatro millones de rusos habían abandonado el país, aunque esta cifra incluía a los viajeros por negocios o turismo. La movilización parcial de 300.000 hombres en septiembre provocó que otros 200.000 rusos huyeran del país, cifra que ascendió a 400.000 a principios de octubre, el doble de los reclutados. Para facilitar el reclutamiento y la militarización, el 17 de enero de 2023,

las autoridades rusas volvieron a imponer los distritos
militares de Moscú y Leningrado de la era soviética.

Esfuerzos de paz

Las negociaciones de paz entre Rusia y Ucrania tuvieron lugar los días 28 de febrero, 3 de marzo y 7 de marzo de 2022, en un lugar no revelado de la región de Gomel, en la frontera entre Bielorrusia y Ucrania. El 10 de marzo se celebraron nuevas conversaciones en Turquía, antes de una cuarta ronda de negociaciones que comenzó el 14 de marzo. El 13 de julio, el ministro de Asuntos Exteriores ucraniano, Dmytro Kuleba, declaró que las conversaciones de paz estaban congeladas por el momento. El 19 de julio, el ex presidente ruso y actual jefe adjunto del Consejo de Seguridad ruso, Dmitri Medvédev, declaró: "Rusia alcanzará todos sus objetivos. Habrá paz, en nuestros términos".

El portavoz de Putin, Dmitry Peskov, y el ministro de Asuntos Exteriores ruso, Serguéi Lavrov, afirmaron que cualquier plan de paz sólo puede partir del reconocimiento por parte de Ucrania de la soberanía rusa sobre las regiones que se anexionó de Ucrania en septiembre de 2022. El 29 de diciembre, tras la anexión declarada por Rusia de múltiples oblasts ucranianos, las esperanzas de conversaciones de paz entre Ucrania y Rusia disminuyeron considerablemente, ya que Rusia adoptó una postura de línea dura según la cual la plena ocupación rusa de los cuatro oblasts no sería negociable bajo ninguna circunstancia. Además, Zelenskyy anunció que Ucrania no mantendría conversaciones de paz con Rusia mientras Putin fuera presidente y firmó un decreto para prohibir dichas conversaciones. En enero de 2023, el portavoz de Putin, Peskov, declaró que "actualmente no hay perspectivas de medios diplomáticos para resolver la situación en torno a Ucrania".

www.ingramcontent.com/pod-product-compliance
Lightning Source LLC
LaVergne TN
LVHW011042200726
843509LV00011B/1330